知礼篇

问津国学讲堂系列

杨 华 覃力维／编　翼 然／绘

武汉问津国学文化促进中心／编

武汉出版社

（鄂）新登字 08 号

图书在版编目（CIP）数据

问津传统文化读本. 知礼篇/武汉问津国学文化促进中心编；
翼然绘. —武汉：武汉出版社，2014.10
ISBN 978－7－5430－8403－2

Ⅰ.①问…　Ⅱ.①武…　②翼…　Ⅲ.①中华文化
—通俗读物②礼仪—中国—通俗读物

Ⅳ.①K203－49　②K892.26－49

中国版本图书馆 CIP 数据核字（2014）第 149281 号

编　　　者：武汉问津国学文化促进中心
　　　　　　杨　华　覃力维
绘　　　画：翼　然
责 任 编 辑：吕植壮
装 帧 设 计：沈力夫
出　　　版：武汉出版社
社　　　址：武汉市江汉区新华路 490 号　　　邮　编：430015
电　　　话：(027)85606403　85600625
http://www.whcbs.com　　　E－mail：zbs@whcbs.com
印　　　刷：武汉安捷印刷有限公司　　　　经　销：新华书店
开　　　本：880mm×1230mm　1/32
印　　　张：3.75　　　字　　数：80 千字
版　　　次：2014 年 10 月第 1 版　　2014 年 10 月第 1 次印刷
定　　　价：27.00 元

问津国学讲堂系列

■知礼篇

前　言

　　传统学术对礼的分类，有三礼、五礼等多种分法。按性质而言，有的分为吉、凶、宾、军、嘉五礼。按内容而言，有冠、昏、丧、祭、朝、聘、射、乡之别，又有郊社、尝禘、馈奠、射乡、食飨之分。按层次而言，又可分为礼物、礼器、礼仪、礼法、礼义等。而所谓"经礼三百，曲礼三千"，礼之内涵又几乎无所不包。其演绎流变又构成一个庞博复杂的体系，是为"礼学"。

　　古人言："礼不下庶人。"其意义更多地强调了礼的等级性和作为政治体制因素存在的必要性。而家礼（乃至于族规、乡约）的出现，更是将礼的精蕴注入到民间世俗社会。其中最具代表性的是朱熹的《家礼》，其细目分为通礼、冠礼、昏礼、丧礼、祭礼五部分，不过，实际上主体内容是后四部分。由此可以看出，礼是真正渗透进了传统社会的方方面面，迄于今日，我们仍然能够感受到它的魅力。

　　然而很多礼仪随着时代变迁，逐渐消散在近现代社会的演变之中，而礼的概念也逐渐萎缩和单一化，人们有时候只是单纯地将传统的礼文化理解为"懂礼貌"。

　　本篇侧重于古人的礼仪程式，按照个人、家族、师友、社会的顺序，展现礼仪文化的某些侧面，并试图借此引导和阐释其现实意义。在行走坐卧、周旋揖让、事长慈幼的历史记载中，在古人"知礼"或"失礼"的故事中，我们可以更深入地理解中华民族何以被称为"礼仪之邦"。

　　让我们怀着"温情与敬意"（钱穆语），开始一段已然湮没于历史烟尘之中的礼仪体验。

知礼篇

目录

1

知礼篇

目录

诗礼传家

秦穆公宴享重耳

春秋时期晋国内乱，公子重耳（即晋文公）流亡在外，辗转来到秦国。

秦穆公慧眼识才，看出重耳前途广大，于是便以国君之礼相待，设宴款待重耳。重耳和随从赵衰一同前往，赵衰做宾相，完全按照两国相交的宾礼进行。宴会结束后，秦穆公有感于重耳流亡在外，而他和他身边的人还是如此知礼，就告诫他的大臣要谨慎守礼、表里如一。

第二天宴会上，穆公吟唱《诗经》的《小雅·采菽》，赵衰赶紧让重耳下堂拜谢，秦穆公也下堂辞谢。赵衰说："国君用天子接待诸侯的待遇来接待重耳，重耳怎敢有苟安的想法，又怎敢不下堂拜谢呢？"

拜谢完后又登堂，赵衰让重耳吟唱《小雅·黍苗》，赵衰说："公子仰望您啊，就像久旱的黍苗仰望上天下雨一样。如果您庇护滋润，使他能成长为嘉谷，奉献给宗庙，那是依靠您的力量啊。如果能发扬光大您祖先襄公的荣耀，东渡黄河辅佐周王室，这是公子所盼望的。公子如果能得到国君的这些恩惠而归祀宗庙，成为晋国君主，那他一定会报答您的。"用《黍苗》表达了重耳的感激之情和回国之心。

　　穆公叹息道：“公子有奇才，这些都会获得的，哪里是靠我呢！”于是吟唱《鸠飞》（逸诗）表达自己愿意帮助和对重耳的期待。重耳又吟唱《小雅·沔水》表达自己对周天子失去威信的担忧，秦穆公于是以《小雅·六月》表达对重耳的期待，相信他能够像尹吉甫一样辅佐周天子。赵衰赶紧让重耳下堂拜谢，秦穆公也不敢怠慢，也下堂辞谢。赵衰说：“国君把辅助周天子、匡正诸侯国的使命交付给重耳，重耳怎敢有惰怠之心，怎敢不遵从有德者的命令呢？”（《国语·晋语四》）

孔子以诗礼教子

"诗礼之训"意指子女遵承父母的教诲，出自孔子和他的儿子孔鲤之间的一则故事。

一日，陈亢（孔子弟子，字子元）问孔鲤（字伯鱼）："你在老师那里听到过什么特别的教诲吗？"孔鲤回答说："没有啊。有一次父亲独自站在堂上（古人房寝制度有定制，庭、堂、室各有分工），我快步从庭里走过（表示恭敬），父亲就问我：'你学习了诗（《诗经》）吗？'我回答说：'还没有。'父亲于是告诫我说：'不学诗，就不懂得说话的技巧啊！'我退下回去就开始学诗。"

陈亢若有所思。孔鲤接着说："又一次，父亲又独自站在堂上，我快步从庭里走过，父亲就问我：'学礼了吗？'我说：'还没有。'于是父亲又告诫我说：'不学

礼就不懂得怎样安身立命呢！'我回去就开始学礼。我最
有收获的是这两次。"

　　陈亢听完，很高兴地说："我问了一个问题，却得到
三方面的收获：听了关于诗的道理，听了关于礼的道理，
还知道了君子不偏爱自己儿子的道理。"后世便以"庭
训"来泛指家庭教育，从内涵向外扩展，又可以看到子女
的孝心。（《论语·季氏》）

子路结缨赴死

孔子的高徒仲由，字子路，性情爽直，在孔门四科中属政事科，后来成为卫国大夫孔悝的家宰（相当于管家）。

当初，卫灵公有位宠姬叫作南子。灵公的太子蒯聩（kuǎi kuì）曾得罪过她，害怕被谋杀就逃往国外。等到灵公去世，南子想让公子郢继承王位。公子郢不肯接受，说："太子虽然逃亡了，太子的儿子辄还在。"于是卫国立了辄为国君，这就是卫出公。出公继位十二年，他的父亲蒯聩一直留在国外，不能够回来。这时子路正在担任卫国大夫孔悝采邑的长官。蒯聩后来和孔悝一同作乱，想办法带人潜入孔悝家，袭击了卫出公。出公逃往鲁国，蒯聩进宫继位，他就是卫庄公。

当孔悝作乱时，子路还有事在外，听到这个消息就立刻赶回来。子羔从卫国城门出来，正好相遇，对子路说："卫出公逃走了，城门已经关闭，你可以回去了，不必为他遭受杀身之祸。"子路说："吃着卫出公的俸禄就不能回避人家的灾难。而且，作臣子的就要谨守本分，孔悝怎么能作乱呢？"子羔无奈地离开了。子路正赶上有使者要进城，城门开了，子路就跟了进去。

子路找到蒯聩，蒯聩和孔悝都在台上。子路说："大王为什么要任用孔悝呢？孔悝犯上作乱，请让我捉住他杀了。"但蒯聩不听从他的劝说。于是子路要放火烧台，蒯聩害怕了，于是叫石乞、壶黡(yǎn)到台下去杀死子路。子路不敌，子路的帽带一下被斩断了。子路说："君子可以死，但帽子不能掉下来。"说完系好帽子从容赴死。

疯了！

臭美！

孔子听到卫国发生暴乱的消息，说："仲由要死了啊！"不久，果真传来了他的死讯。孔子很伤心，他说："自从仲由跟随在我身边，那些想侮辱我的人再也不敢恶言相向。"古代男子二十岁就要行冠礼，就说明你有了治人、为国效力、参加宗庙祭祀等权利，是男子成人的象征，因此冠也就成为了身份的证明。子路死之前结缨带冠，是想自己有尊严地死去。（《史记·仲尼弟子列传》）

徒弟，为师好想你哦

周磬为母做官

东汉时的周磬，少时游学京师，学习《古文尚书》、《洪范五行》、《左传》等，彬彬有礼，不是符合经典的话他一概不讲。

周磬家中贫困，供养母亲之物并不充足（当时的汝南周氏是望族，但周磬可能是旁支）。曾经诵读至《诗经·汝坟》的末章"鲂（fáng）鱼赪（chēng）尾，王室如毁。虽则如毁，父母孔迩"（鲂鱼的尾巴颜色赤红，王室的事务焦急如火，即使是这样，但近在身边的父母也需要赡养啊），周磬喟然长叹而心中有感，于是决定出去做官。他解除韦带（古代未做官的人所系的无饰的皮带，求官则需要佩着革带，即用经过加工的兽皮制作的皮带），参加推举孝廉（一种汉代选拔官吏和任用升迁的制度）。

汉和帝年间，周磬管理有方，在他任职的几个地方都有良好的政绩。他后来思念母亲，便弃官回到乡里。母

亲去世了，他守丧期间哀痛得差点毁了自己的身体。孝服期满，周磐就在坟旁住了下来，以教书为业，教授的门徒有千人。朝廷三次征召，认为周磐是有道之士，特请他出山。但周磐却对友人说："我的母亲已经去世了，我要那些身外之物干什么？"于是拒不应征。

周磐从开始为了母亲应试，到思念母亲而弃官，到为母亲守孝拒绝出山为官，处处体现了他的赤子之心。（《后汉书·周磐列传》）

徐孺子吊丧致刍(chú)

　　东汉的徐稚，字孺子，为人恭敬俭约，仁义礼让，在他所住的地方人人敬佩。

　　徐稚曾经被太尉黄琼征辟，希望他去做官，但徐稚没有接受。后来黄琼去世了下葬，徐稚便背着食物从南昌徒步到江夏吊唁，设下鸡酒薄祭，哭完之后就离开了，也不告诉别人他的名字。

　　当时来吊唁的还有四方名士如郭林宗等数十人，听说此事，认为可能是徐稚，便挑选能言善辩的书生茅容骑马去追赶。茅容在路上追到了徐稚，茅容为他准备了饭食，二人一起还谈论务农之事。告别的时候，他对茅容说：

"替我感谢郭林宗，（汉朝）大树将倒，不是一根绳子所能拉住的，为什么不赶紧找个安宁之所避难呢？"

再后来，郭林宗的母亲去世了，徐稚去吊唁，只放置了一束青草在墓庐前就走了。众人很奇怪，不知道这是什么意思。郭林宗说："这肯定是高士徐稚，《诗经》里说：'生刍一束，其人如玉。'（奉上青草一束，那人品德如玉）而我无德无能，不能相配啊。"（《后汉书·徐稚列传》）

毛义捧檄尽孝

东汉的毛义，家中贫困，但以孝行受人称颂。

南阳人张奉敬佩他的名望，便前去看望他。到毛义家之后，刚刚坐下，正巧官府的征召文书送到了，封毛义为守令（一种小官），毛义捧着文书进来，喜形于色，十分高兴。张奉是个有志向的人，看到毛义的行为，心中十分鄙视，同时也后悔来拜访毛义，于是很坚决地告辞离去。

后来，毛义的母亲去世了，毛义便辞去官职，回家为母亲守孝，这期间举止行为无不遵守礼仪。朝廷多次征召，让他继续作县令，后来又被推举为贤良（古代选拔人才的一种制度），公车都到了他家门口，但他最终也没有

去。张奉听说了，感叹说："圣贤之人，不是我们凡人能够揣度的。毛义以前喜形于色，只是为了父母生活更好一些。这就是别人所说的'家中贫困，父母年老，不挑官职大小而出仕'吧。"

张奉终于明白了毛义的良苦用心。（《后汉书·刘赵列传》）

李密陈情谢祖母

晋代的李密，字令伯，博览五经，尤其精通《春秋左传》。

李密幼年丧父，母亲何氏改嫁，因为年纪尚小，李密对母亲无比眷念，乃至积郁成病。祖母刘氏，便亲自抚养他长大成人，而李密也以孝敬祖母闻名。

刘氏有病时，李密哭泣流泪不敢大口呼吸，从不脱衣安睡，饮食汤药必定先尝过后才端上去。后来，李密为官的蜀国灭亡，被晋武帝召去做官，但李密因祖母年高，家

中无人奉养，就不应召，写下了催人泪下的《陈情表》，加以推辞。

李密在《陈情表》中回忆祖母对自己的恩情，说道：我现在才44岁，而祖母刘氏已经96岁了，我尽忠于陛下的日子还长，而报答奉养祖母的日子却不多了。我怀着乌鸦反哺的私情，想乞求皇上允许我奉养祖母的余年。皇帝看了之后，有感于他的深情，便不再征召，在李密为祖母守孝结束之后才再次征召。（《晋书·李密列传》）

王裒泣墓哀诗

　　西晋时的王裒(póu)，字伟元，容貌英俊，气质儒雅，学识渊博，多才多艺。

　　父亲王仪在魏做官，因直言司马昭之过，被司马昭杀了。王裒极为悲愤，西晋建立后，他从来不面朝西晋都城所在的西方而坐，以此来表示自己永远不做晋的臣子。因此他就找地方隐居起来，靠教书来养活母亲和自己。

爹哟…

　　他在父亲坟墓旁边盖了一间小草房，作为守丧的地方。清晨和黄昏他常常去父亲的坟墓旁边，忍不住哭得很伤心，扶着坟边的柏树，眼泪滴落在树上，后来树都枯死了。他的母亲胆子很小，怕打雷。母亲去世之后，每到下雨打雷天，他就到母亲墓前，说："儿子王裒在这里，母亲莫要害怕。"他教学生读书，每当读到《诗经·蓼莪(lù é)》中"哀哀父母，生我劬(qú)劳"（可怜的父母啊，你们生养我，真是太辛苦了）的时候，总是忍不住失声痛哭，所以他的门人就不再学《蓼莪》这一篇了，怕惹老师伤心。

孔夫子言："子生三年，然后免于父母之怀。夫三年之丧，天下之通丧也。"（《论语·阳货》）为父母守丧，在古代中国成为定制，王裒正是用自己的行动来表明自己对父母的爱。（《晋书·王裒列传》）

裴安祖悟诗明悌

北魏的裴安祖是裴骏的弟弟，年少的时候就聪慧过人。

八九岁的时候，听到老师讲到《诗经·鹿鸣》（即"呦呦鹿鸣，食野之苹"诗），便对自己的各位兄长说："鹿虽然是禽兽，但吃食的时候尚且相互呼引，好一起吃东西，何况我们还是人呢？"自此之后，裴安祖从来就没有吃过独食。

二十岁弱冠，裴安祖也做了个州县的小官。当地有兄弟为了财产而纷争不止，去县衙解决问题。裴安祖召见了兄弟二人，以礼义责备劝勉，兄弟二人十分惭愧，第二天一起到裴安祖处所谢罪，使当地和他处的人都十分钦佩。

因为政绩和教化做得好，有人就劝他去做更大的官，但他始终闲居养志，不出自己管辖的小城邑。

裴安祖还热爱小动物，曾经一次天气非常热，他在大树之下乘凉。有猛禽追逐小鸟，小鸟慌忙之下，不小心撞到树上昏死过去。裴安祖可怜小鸟，便把小鸟放在阴凉的地方，慢慢小心地看护，过了很久小鸟竟真的复活了。（《魏书·裴骏列传》）

刘毅上书终丧

东晋时的刘毅,从小有大志。在桓玄篡位时,刘毅服丧在家(即所谓"丁忧"),到义军初起,就身穿孝服参与义军(即所谓"墨绖(dié)从戎")。在刘裕、刘毅等人的努力下,多方征讨,战乱逐渐平息,刘毅在战争中也身居要职。

这时,刘毅却上表请求还家,以完成守丧之期,说:"弘扬大道治理国家的人,最重视仁孝。往年国难滔天,所以我立志竭尽愚忠,隐忍羞愧而苟活。现在海内清平,而我遭丧,丧期未满。再加上羸弱病患越来越严重,各种病痛一齐发作,现在衰颓得不再有正常人的样子。请求皇

上同意我辞归，终老于坟墓之中，希望忠孝之道在圣明之
世可以获得宽容。"

我想回家尽孝

　　但朝廷不同意（此亦可以称为"夺情"），将更大的
担子交给了他，下诏任刘毅为豫州刺史，都督五郡军事。
并且因为匡复之功，封南平郡开国公。（《晋书·刘毅列
传》）

那哪成呀，
呵呵

李鸿藻数谏守孝

  清代李鸿藻，字兰孙。咸丰二年（1852）进士，之后平步青云，深受朝廷赏识。同治五年（1865），李鸿藻的母亲去世，按照礼制规定，这时要暂时离开官位，去为母亲守孝三年。

  但当时皇太后下达旨意，要李鸿藻破例，守孝百日后就回京教皇子读书，并参与国家机要。为了防止李鸿藻以礼作为说辞推辞不就，在谕告中还专门说："你还是把孝情转移到忠君上吧，现在正是需要你的时候，你千万不要以守礼的名义一再推辞。"

去启奏皇上吧

但李鸿藻仍然恳请朝廷，能够让自己完成对母亲的守孝，但朝廷就是不允。李鸿藻的同僚倭仁等人也帮他请命，朝廷却还是命恭亲王传谕旨宽慰李鸿藻拳拳之心。

没有办法，李鸿藻连着上了好几次疏，称自己重病，不能上朝。朝廷这才允许他的请求，让他守完孝再回朝处理事务。（《清史稿·李鸿藻列传》）

得了得了，随他去吧

礼门义路

宿瘤知礼成贤后

　　齐国宿瘤女，是东郭的一个采桑女子，齐闵王的皇后。因为她脖子上长了个大瘤子，所以被称为宿瘤。

　　当初闵王出城游玩，来到东郭，百姓们纷纷观看，宿瘤女却像往常一样采摘桑叶。闵王很奇怪，就问她："别人都来围观，你为什么却照样采桑？"她回答说："我父母让我来采桑，没让我围观。"闵王大叹："真是个奇女子啊，可惜长了个大瘤子。"宿瘤女说："我只要一心一意完成交给我的事情，从不忘记自己的本分，一个瘤子又有什么值得悲伤？"闵王再次大叹："真是个贤女子啊。"

闵王非常喜欢，于是命人将她载入宫中，娶之为后。宿瘤女却说："托陛下的福，我能和您在一起。但家里父母健在，假使没有父母的媒妁之言，我就成了私奔的女子，大王您怎么能任用我呢？"闵王感到很羞愧，说："这是我的过错。"宿瘤女又说："作为一个贞女，如果礼仪不完备，就是死也不听从。"于是闵王让她回家去，随后派人带上聘礼，前去聘迎。（《列女传·齐宿瘤女》）

她要明媒正娶啊

信陵君避西阶而上东阶

战国时期，魏国的公子魏无忌被封为信陵君，他招纳各种人才，蓄养门客三千，成为与赵国的平原君、齐国的孟尝君、楚国的春申君齐名的"四大公子"之一。因为信陵君及其门客的实力，所以其他各国都不敢侵犯魏境。

信陵君的姐姐嫁给赵国公子平原君，当时赵国的首都邯郸正受到秦国军队的包围，危在旦夕。赵国多次请求魏国出兵相救，但是魏王因为害怕暴秦的报复而裹足不前。信陵君采用门客侯嬴之计，窃取魏王的兵符，带着另一个门客屠夫朱亥杀了魏国将军晋鄙，而以八万魏兵援赵，秦兵退却。这就是历史上著名的"信陵君窃符救赵"。

信陵君知道自己矫诏发兵且杀死本国重将，罪过极大，所以在救赵之后，他便让其他将军带着魏国的军队回国，而自己就留在赵国不归了。

救赵之后，信陵君受到赵国朝野的一片感激，赵国国君与平原君商议，要把五个城封给信陵君。信陵君也有点居功自傲，洋洋自得的神气不免流露出来。他的门客告诫说："别人施惠于己，终不应忘；自己有惠于人，应当早忘。您窃符救赵，对赵国是功臣，可对魏国却是罪人。您居功自得，甚为不智。"经此提醒，信陵君立刻悔悟，自责得无地自容。

你太嚣张了哦，这样不明智啊。

不久，赵王请他去赴宴。赵王亲自执扫帚除道迎接，自己就主人位，请信陵君从西阶上堂，就宾客位。古人迎宾，主人身份高的都不出大门，君主绝没有迎臣子之礼，赵王亲自洒扫是极其自谦的礼节。古时房屋是高台建筑，有两个台阶上堂，东阶是主人的台阶，西阶是宾客的台阶，所以赵王请信陵君从西阶上堂，是表示尊敬。

但是，信陵君立刻做出更加自谦的姿态，他"侧行辞让，从东阶上"。上古寝宫的大门由两扇组成，中间有楔子（门闩）。客人去拜访主人时，主人从东边入门，客人从西边入门。但身份较低的客人往往也从东边进入，表示自己不敢以宾客自居，而以主人的臣下自居。上堂时也是这样，从东阶（主阶）上表示自己是主人的臣下，不敢以宾客自居。信陵君侧身从东阶上，显得更加谦卑了。不仅这样，信陵君还在席间一再自言罪过，说自己有负于魏国，无功于赵国。酒宴持续到深夜，赵王都没有机会开口把五个城市封赏给信陵君，因为信陵君太谦卑了。

就这样，信陵君留在了赵国，一住就是十年，而赵王最终还是把鄗这个地方赐给他作汤沐邑。（《史记·魏公子列传》）

韩信一饭千金

　　汉朝初年的大将韩信，在没有当大官以前，境况很困苦。那时侯，他经常去河边钓鱼，希望碰着好运气，就可以解决一顿饭。但是，这到底只是个靠运气的办法，不能长久，那时候的韩信时常会饿着肚子。幸好在他经常钓鱼的地方，有很多帮人洗衣服的老婆婆在河边工作，其中有一个老婆婆，她很同情韩信的遭遇，就不断帮助他，经常给他饭吃。

　　韩信在自己最困难的时候，得到这个老婆婆的帮助，尤其是这位老婆婆自己也不富裕只能靠洗衣服做苦工赚钱，所以韩信特别感激她，就对她说："我将来一定好好报答您。"那老婆婆听了韩信的话，却很不高兴，她说："我给你饭吃，是因为悲哀像你这样的男子汉大丈夫不能自食其力，不是为了图报答的。"韩信很惭愧，但他却牢牢记住了老婆婆的恩情，发誓建功立业。

　　你不用报答我，能自立就好了

后来，韩信为汉高祖刘邦打天下立了汗马功劳，被封做楚王，他想起从前曾受过老婆婆的恩惠，就命令随从送酒菜给她，还送给她黄金一千两来答谢她。（《史记·淮阴侯列传》、《汉书·韩信传》）

楚元王为友置醴

楚元王刘交，字游，是汉高祖同父异母的弟弟，喜欢读书，多才多艺。和当时的名儒穆生、白生、申公是同学，跟随浮邱伯学习《诗经》。

原先楚元王对同学们都很恭敬和优待，招待申公等人喝酒，但穆生是不喝酒的，楚元王就专门为他准备了甜酒，同学之间学习交往都很愉快。刘交去世后，刘交的儿子刘郢客继位，还是和父亲一样对待他们。后来楚元王的孙子刘戊即位，还是一样为他们准备酒食，但不再为穆生

准备甜酒了。

　　穆生心中有所感触，于是准备告辞回家，说："现在可以走了。过去楚元王很尊敬我，现在甜酒也不再准备了，是看不起我啊，再不走，他们都有可能给我套上铁索拉到市场上去卖。"然后称病在家，卧床不起。申公、白生就劝他起来，穆生说："聪明人能觉察到很微小的变化，虽然事小，但能预测到未来的发展变化，《易经》'见几而作'就是这个意思啊。没有道义的国君不能相处，将来是要吃亏的。"于是推辞有病离开了。

　　而申公、白生仍留在王府，后来刘戊与吴王刘濞同谋造反，他们二人劝谏阻止，但刘戊不但不听，还将二人处以宫刑来侮辱他们。（《汉书·楚元王传》）

魏勃阙礼扫门

　　西汉的魏勃，他父亲因为善于弹琴，秦始皇曾经召见过他。魏勃年轻的时候，打算拜见齐国丞相曹参，可是家庭贫苦，地位卑下，自然也就没有什么拿得出手的礼物，这让魏勃很苦恼。

　　后来，他想出一个办法，每天早晚去曹参某个门客的门外打扫卫生。日子一长，那位门客发现自家门前总是那么干净，一定是有人天天打扫，但是又见不到人，思前想后，感到很疑惑，心想该不是鬼怪吧！于是一天早晨，他很早就起床，在门外潜伏下来，想看看到底是怎么回事。

　　果真，等了不多久，魏勃出现了，正是他在认认真真地打扫。于是他马上现身，走上前去，问魏勃："难道是你天天在这里打扫吗？"魏勃点头，然后又问："这是为什么呢？我只是一个食客，又没什么名望。"魏勃这才说："因为家贫，无礼可与曹丞相相见，于是想借助您的推荐，但也是苦于没有礼物，因此每天给您打扫，只是希望您能带领我去见见曹丞相。"

那位食客一看，魏勃还挺知礼的，于是就把魏勃引荐给了曹参，曹参后来又将他推荐给了齐悼惠王，魏勃终于获得施展抱负的机会。后来吕氏篡位，他还帮助齐悼惠王诛杀了吕氏在齐的势力。（《史记·齐悼惠王世家》）

郭伋守信尊童子

东汉的郭伋，字细侯。建武（东汉光武帝刘秀年号）年间，郭伋被调到并州（今山西太原）做州牧（即刺史，一州的最高长官）。

他刚到并州，就去巡视地方，来到西河美稷（今山西汾阳），看见一群儿童，各个骑着竹马，在道路上欢迎他。郭伋问："孩子们，你们为什么从远方来这里啊？"其中一个童子回答说："听说州牧大人到我们这里来，我们都感到高兴，所以特意来欢迎。"郭伋很感动，然后请他们回去。到郭伋办完公事，要回去了，这些儿童又把他送到郊外，并且问他："您什么时候再来呢？"于是郭伋就告诉自己的属官，如果下次路过此地，一定要事先告诉

儿童们。

　　郭伋接着去其他地方巡视，路途中算算自己回去的日子，可能在某天会经过孩子们所在的地方，就先差属官去告诉他们。等到巡查完毕回府，路过此地，比约定的时间早了一天，为了不失信于孩子们，也为了不辜负他们的一番心意，郭伋就在野外的哨所住了一夜。第二天才进入该地，与孩子们相见。（《后汉书·郭伋列传》）

来早了一天啊

刘庭式不负初心

　　宋朝刘庭式曾经和一个普通农民的女孩子订婚。后来他考取了功名，可是女孩子家里却越来越潦倒，那个女孩子后来也生了一场病，眼睛也瞎了，从此那女孩子家里再也不敢跟刘庭式家里提这个婚约。有人劝刘庭式悔婚，刘庭式却说："我的心已经许给她了，怎么能因为她的家庭境遇不好，眼睛看不见了，就改变我当初的心意呢？"最后还是娶了那个女子。

几年以后，他的妻子去世了，刘庭式哭得很伤心，从那以后也不再娶别的女人做妻子。苏轼问他："哀伤是因为有爱，爱是从美丽的容貌开始的，但是你的爱和哀伤是从何处生发出来的呢？"

刘庭式回答说："我只知道我的妻子去世了！如果我是因为美色而爱她，因为爱她而感到悲伤，那么一旦她美貌不再，爱意也就会消散，我自然不会哀伤。那些倚楼挥袖吸引客人、抛媚眼勾引别人的女子，容貌再美又怎么样，是可以当作妻子的吗？"（《东都事略·卓行传》）

礼顺人情

薛包分家不务多

薛包，东汉时人，待人温和，孝顺父母。不幸的是他母亲很早就过世了，父亲再娶了一个妻子，后母偏心，对他很不好，但是他从来没有记恨过，对同父异母的弟弟也很好。

父母去世以后，他的弟弟要求分财产，各自生活，薛包没办法劝阻他，就把家产平均分了。但他尽量把好的留给弟弟，言语上很温和，也不居功，更是不计较得失。

问津国学讲堂系列 ○ 知礼篇

他把年老的奴婢都分给自己，他对弟弟说："年老奴婢和我在一起的时间太长，不会听你的话。"他把田地和房子中荒凉得厉害的分给自己，说道："这是我少年时代居住的，心里恋恋不舍，有很深的感情。"衣服家具中，他自己专门挑拣破旧的，并说："这些是我平时经常穿、经常用的，比较适合我。"但兄弟分家以后，他的弟弟不好好管理，生活又奢侈浪费，终于将财产破败了。而薛包却经常关心开导他，不计较过去的事，经常把自己的财物拿出来给弟弟，接济他。《礼记·曲礼上》说："分毋求多。"薛包不正是如此吗？（《后汉书·刘赵列传》）

范式张劭生死交

　　东汉人范式，山阳金乡（今山东金乡县）人，和汝南（今河南汝南）人张劭是好朋友，他们两个人同时在当时的最高学府太学读书。后来二人都要回到乡里，他对张劭说："两年后我会回来，将会经过你家拜见你父母，见见你家的孩子。"于是两个人约定了日期。

　　后来约定的日期就要到了，张劭把事情详细地告诉了母亲，请母亲准备酒菜等待范式。张劭的母亲说："分别了两年，虽然约定了日期，但是远隔千里，你怎么就确信他会按时来呢？"张劭说："范式是个守信的人，肯定不会不来的。"母亲说："如果是这样，我就酿好了酒等你的朋友吧。"到了约定的日期范式果然到了。拜见了张劭的母亲，两个人还喝了很多酒，尽兴以后范式才依依惜别地走了。

　　后来张劭得了病，非常严重，同郡人郅君章、殷子征每天都来探望他。张劭临终时，叹息说："遗憾的是，临终前却没有见到我的生死之交。"殷子征说："我和郅君章都很尽心和你交朋友，如果我们称不上是你的生死之交，那还有谁算的上？"张劭说："你们两人，是我的生之交；山阳的范式，他才是我的死之交。"张劭不久就病死了。范式冥冥之中似有感应，心里好像知道好朋友张劭已经死了。于是范式向太守告假后，穿着为朋友奔丧的丧服，赶在张劭埋葬的那天，骑着马匆匆过去。范式还没有到达，张劭那边已经发丧了。到了坟穴，将要落下棺材，但是灵柩怎么也不肯进去，仿佛在等待什么。

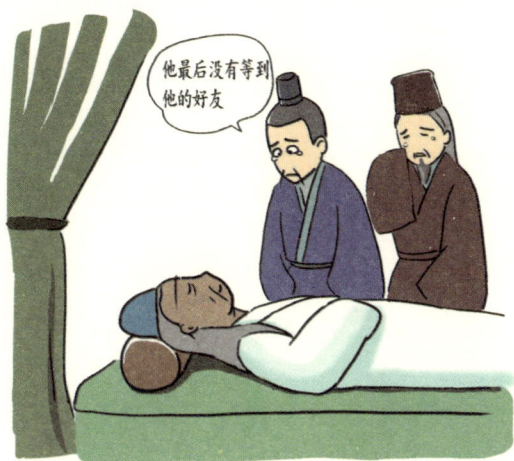

他最后没有等到他的好友

　　这时候，范式到了，他悲痛欲绝，参加葬礼的人，都被感动得落泪。最后范式亲自拉着牵引灵柩的大绳，灵柩才落下了。范式后来在坟墓旁边住了一段时间，为张劭的坟培植了很多树木之后才恋恋不舍地离开。（《后汉书·范式列传》）

我来晚了啊！

孔融让梨、王泰推枣

孔融，东汉末年山东曲阜人，他是孔子的第二十世孙，父亲孔宙的第二个儿子。孔融小时候聪明好学，才思敏捷，大家都夸他是神童。4岁的时候，他就能背诵许多诗词，并且懂得礼节，父母亲非常喜欢他。

一天，父亲的朋友带了一盘梨子，给孔融兄弟们吃。父亲就叫孔融分梨，孔融挑了个最小的梨子，其余的按照长幼顺序分给兄弟。父亲问他为什么拿了个最小的，孔融说："我年纪小，应该吃小的梨，大梨该给哥哥们。"父亲听后十分惊喜，整个宗族也感到不可思议。后来孔融成为一位举世闻名的名士。

孔融

王泰

哥哥比我大，吃大的

!

类似的故事还发生在南朝梁时期一个叫王泰的小孩子身上。有一次他祖母把孙子、外孙子聚集在一起，然后把一簸箕又大又红的枣子撒在床上，看他们会怎么办。

　　孩子们立即蜂拥而上，互相争抢，嘻嘻哈哈闹成一团，逗得慈祥的祖母也忍不住笑了。可是，这时王泰却静静地站在旁边，没有去抢枣子。祖母感到很奇怪，问他："孩子，你不喜欢吃枣子么？"王泰回答说："喜欢啊。可是我不能去抢，应该让长辈赐给我，我才能吃。"后来王泰也成为一时名士。（《后汉书·孔融列传》、《梁书·王泰列传》）

你怎么不去抢

长辈允许我才能去拿

陆绩怀橘遗亲

三国时期的陆绩，吴郡吴县（今江苏苏州）人，博学多识，通晓天文、历算，留下了《浑天图》、《太玄经注》等著作，并且对《易经》做过注释。

陆绩小时候非常聪明，又很懂礼貌，对父母非常孝顺。六岁的时候，陆绩跟着父亲陆康到九江去拜见袁术。袁术拿出橘子招待他们，陆康和袁术两人聊得很开心，陆绩就趁所有人不注意，往怀里悄悄藏了三个橘子。要走的

时候，陆绩怀里的橘子不知怎么掉了出来，滚在地上，袁术就嘲笑他说："小陆绩你来我家里作客，走的时候还悄悄藏着我的橘子呢！"父亲陆康觉得很丢人，脸色便很不好。但是六岁的小陆绩却很坦然，陆绩回答说："只是因为我母亲很喜欢吃橘子，我想拿回去送给母亲尝尝。"袁术看到他小小年纪就懂得孝顺母亲，非常惊讶。拿东西本来是不对的，但赤子之心可嘉。

后来陆绩在郁林郡当过太守，为了改善当地的取水问题，挖了一口井。七八百年后，五代时，当地有个地方官叫刘博古，为了纪念陆绩，就在井边栽了一棵橘树，这口井后来就叫做橘井了。（《三国志·吴书·陆绩列传》）

王览夺鸩(zhèn)护兄

　　西晋时有个王览，他母亲经常打他同父异母的哥哥王祥。在他很小的时候，每次见到母亲打哥哥，王览都流着眼泪抱着哥哥，不让母亲打他，保护自己的兄长。他稍稍大一些以后，总是劝母亲对兄长好一点。而母亲变本加厉，还虐待哥哥王祥的妻子，使唤她干很多活儿，王览的妻子也陪着一起做，一定要和兄长嫂嫂同甘共苦。

　　后来王祥在社会上渐渐地有了名声，王览的母亲很害怕，也很妒忌他，就想用毒酒害死他。王览知道了，就把毒酒抢着喝，他的母亲这才急急忙忙把毒酒夺来扔在地上。王览生怕哥哥王祥被母亲害死，后来王祥的饭菜王览都要亲自尝过后才让哥哥吃，他母亲见到这样，再也不敢加害王祥了。

　　王览十分爱护和尊敬自己的兄长，而王祥也十分挂念弟弟。当时吕虔有把很好的佩刀，佩刀上面刻了字，意思大概是带了这佩刀的人，做官可以做到三公。吕虔把这佩刀送给了王祥，而王祥自己没要，觉得应该让这把刀给弟弟带来福气，于是就给了弟弟。也许是天意，王览的子孙后代果然做了大官。（《晋书·王祥王览传》）

周处知耻除三害

　　西晋的周处，二十岁不到，力量过人。少年时父亲就去世了，因此没人管教，喜欢骑马打猎，动不动就出手打人，飞扬跋扈，老百姓都很怕他。周处也知道大家讨厌

他，于是想改正过失，并向乡亲父老询问："今年气候适宜，风调雨顺，庄稼丰收，为什么大家还愁眉苦脸呢？"
　　一个老人说："三害没除掉啊！"周处立马问什么是三害，老人鼓足勇气回答说："南山的白额猛虎、长桥

你就是那第三害啊

下的蛟和你，就是三害。"周处心里很不是滋味儿，没想到自己居然成了一害。于是下定决心，一定要改正过来，他说："如果是这三害，我可以替大家除掉。"老人说："如果你真能除掉，就不仅仅是为民除害，更是一件天大的喜事。"于是周处入山用弓箭杀死了老虎，然后与蛟在水中展开搏斗，三天三夜过后，大家没看见周处回来，以为他死了，为此还相互庆贺。但没想到的是周处居然回来了，看到大家互相祝贺，才知道自己居然这么遭人痛恨。

周处下定决心改过，于是去了吴郡找陆机和陆云。陆云勉励他说："古人说，早上知道缺点，晚上就能改过来，这是很可贵的。你的前途远大，不要担心没有名声，要担心自己没有坚定的志气。"从此周处刻苦读书，学问大进，成为国家的栋梁之才，后为国战死沙场。（《晋书·周处传》）

皇甫绩求责自立

　　隋朝皇甫绩，字功明，他的祖父名皇甫穆，在魏朝做过陇东太守，父亲皇甫道周曾任湖州刺史。很不幸的是，皇甫绩三岁的时候，父亲去世，变成了孤儿，是外祖父韦孝宽把他养大的。

　　皇甫绩小的时候经常与诸表兄贪玩，在外边儿博弈下棋，荒废学业。一群人被韦孝宽抓住了，要惩罚他们的懒惰而不学习，严厉惩罚他的诸位表兄。因为皇甫绩年幼就没有了父亲，并且在一群人中年纪最小，外祖父很怜惜，对他就手下留情了。

哎哟喂~

但是皇甫绩却感叹道："我很小就已经没有父亲了，不能听到父亲的训斥和教诲（所谓'庭训'）。又是寄居在外祖父家，如果这样，我还不能严厉要求自己，将来我以什么来自立呢？"于是要求左右仆人杖罚自己三十下，以此自责自省，作为表示改过的决心。

韦孝宽见了，十分感动，知道了皇甫绩是可造之材，但需要引导管教，方能成材。于是韦孝宽以后也尽心教养皇甫绩，自此，皇甫绩刻苦读书，精心向学，后来皇甫绩真正成为了人才。（《隋书·皇甫绩列传》）

李勣(jì)煮粥侍姊

　　李勣，唐朝开国功臣，官至宰相，有很杰出的政治、军事才能，为唐朝的开国和兴盛立下了很大的功劳。

　　他的姐姐很早就守寡孤独一人，李勣便把姐姐接到自己的旧宅居住，一直生活了很长时间，包括皇后都去亲自询问，赐给他姐姐衣服，以此来表彰他的事迹，也用来慰劳他的忠心。

　　随着岁月的流逝，他姐姐老来得病。李勣虽然身份高贵，但感念姐姐小时候对他的照顾与关怀，他必定亲自为

姐姐烧火煮粥，甚至锅底下的火往往烧了他的胡须，他也一直坚持亲力亲为。

老爷在干吗？

姐姐劝他说："你的仆人那么多，你干嘛要这样自讨苦吃？"李勣回答说："难道只有没有人做的时候才要自己亲自动手吗？姐姐现在年纪大了，我自己也老了，即使想以后为姐姐烧火煮粥，又怎么做得到呢？"他感慨自己和姐姐都年纪大了，能这么亲近、亲自照顾姐姐的时日不多了，所以格外珍惜，一定要亲自去做。（《新唐书·李勣列传》、《隋唐嘉话》、《唐语林》）

郭道卿兄弟争戮

　　南宋末年的郭道卿，兴化莆田（今福建莆田）人。他们家族的四世祖以至孝闻名，在南宋绍兴年间（1131–1162）受到朝廷诏书表扬，并在乡里立了孝子祠。

　　至元初战乱频仍，福建地区盗贼四起，老实百姓都在逃命，躲到了隐蔽的地方。但郭道卿与弟弟郭佐卿两人守着孝子祠，不忍离开，因为这是祖先留下的荣耀。也因此，二人被盗贼抓住了。

眼看盗贼将要杀掉弟弟郭佐卿，郭道卿大声哭泣，对着盗贼喊道："我的儿子已经长大了，但弟弟的孩子尚且年幼，不能没有人照顾，请求你们让我代替我弟弟去死吧。"弟弟郭佐卿见此，心里也自然不愿哥哥丧命，也大声哭泣，说："我们家族的事务还有赖于兄长主持，要杀就杀我吧。"哥哥郭道卿见状，便引颈请刃将脖子使劲朝屠刀靠拢。几个盗贼相顾并感叹地说："你们祖上以孝著称，你们真不愧是孝门的子弟，我们又怎么忍心杀害你们呢？"于是就将两人都放了。（《元史·孝友传一》、《新元史·笃行传上》）

许衡不食无主梨

元代大儒许衡，字仲平，世称鲁斋先生。

许衡曾经跟很多人一起逃难，经过河阳（今河南孟州）的时候，已经走了很久的路了，天气又热，十分口渴。一起逃难的人发现道路附近有一棵梨树，树上结满了梨子，大家都争先恐后地去摘梨来解渴，只有许衡一个人，端正地坐在树下，连动也不动，大家觉得很奇怪。

有人就问许衡说："你怎么不去摘梨吃呢？"许衡回答说："那梨树不是我的，我怎么可以随便去摘来吃呢？"那人说："现在世道这么乱，大家都在逃难，这棵梨树恐怕早就没有主人了，干嘛想这么多呢？"许衡说；
"梨树没有主人，难道我心里也没有主人吗？别人丢失
的东西，即使一丝一毫，只要不合乎道义就不能随便拿
走。"

许衡的坚持感化了很多人，每当果实成熟，掉落在地
上，乡村里的小孩从那边经过也不看一眼，乡民都这样教
导子弟，不要有贪便宜的心理。平常只要是遇到丧葬婚嫁

之类的事情，许衡一定遵照风俗礼仪办理，周围的人都受感化，求学的风气逐渐盛行起来。许衡的德行传遍天下，元世祖听说了，要任用许衡做宰相，但是许衡淡泊名利，推脱说自己生病了，没有去。（《元史·许衡列传》）

尊师重道

子贡护师驳难

子贡是孔子的学生，他非常尊敬自己的老师。

有一次，鲁国大夫叔孙武叔在别人面前高谈阔论，贬低孔子，却抬高子贡，夸奖子贡比老师有才能。子服景伯便把这个消息告诉给了子贡。子贡听了，他非但不高兴，还非常气愤，丝毫不因为那人夸自己而高兴。他对别人说："如果说每个人的才能学识就是一所房子，那么我老师房子的围墙就有十多丈那么高，屋子里富丽堂皇，一般人没法翻过围墙看到里边的摆设，不知道里面有多好。而我子贡的房子呢，不过只有齐肩高的围墙，一眼就可以看穿了。"

孔圣人的徒弟子贡比他还要贤德呢。

他还说："我的老师就像太阳和月亮，太阳和月亮光彩照人，不是一般人能够超越的！"针对叔孙武叔毁坏老师的名誉这件事，他说："有的人要自绝于日月，但这样对日月又有什么伤害呢？只不过凸显了他的不自量力。"叔孙武叔十分惭愧，而子贡维护了老师的名誉。在孔子死后，子贡非常悲痛，在孔子墓旁住下，与孔门众弟子一起守丧三年之后，又独自守丧三年。

子贡在别人面前尽力维护老师的尊严和名声，在老师死后又去守护老师的遗冢，这是发自内心的尊师美德。（《论语·子张》）

汉明帝侍师如一

汉明帝刘庄做太子的时候，桓荣是他的老师。即使后来他继位做了皇帝，在他老师桓荣的面前却始终没有皇帝的架子，仍然很尊敬他，跟从前一样。

他亲自到桓荣家里去，让桓荣坐在尊贵的东面，摆设桌椅，就像当年做太子的时候一样，让老师讲授，他专心聆听老师的指教。他还把朝廷的官员和桓荣曾经教过的学生数百人，召集到老师的家里，向桓荣行礼。

桓荣生病了，刘庄就派人专程去慰问，还亲自登门看望，每次探望老师，刘庄都是一进街口就下车步行，表示尊敬。进门后，常常忍不住拉着老师枯瘦的手，默默垂泪，很久都不放开。皇帝对桓荣这么好，所以别的人去看望桓荣的时候，也都很注意礼节，不敢车马喧哗。

桓荣去世的时候，明帝换上参加葬礼的衣服，亲自送葬，并把桓荣的子女作了妥当安排。（《后汉书·桓荣列传》）

魏昭求学服其劳

东汉时候，有一位名叫魏昭的人。他小时候求学，看到郭林宗，心想："这是一位难得的好老师。"所以他就去拜郭林宗为老师，而郭林宗也想试探一番。

郭林宗说："年轻人应该苦读经典，为何还来我这个老头子这里？"魏昭回答说："教念经典的老师是很容易请到的，但是要请到一位能把人教导得像老师水平一样的人，就不容易了。因此奢望以自己白丝般无奇的资质来亲近朱色、蓝色这样鲜亮的色彩。"

郭林宗很满意，于是同意魏昭求学。但测试还没有结束。一次郭林宗身体不好，半夜里他要魏昭亲自煮粥给他吃。当魏昭端着煮好的粥进来的时候，郭林宗却斥责他煮得不好，没有丝毫的敬意。魏昭就出去再煮，这样一连

三次，魏昭仍然和颜悦色，郭林宗这才笑着说："我以前只看到你的外表，今天终于看到你的真心啦！"他非常高兴，于是把自己毕生所学尽心教给魏昭，而魏昭后来也有了很大的成就。（《后汉纪·后汉孝灵皇帝纪上》）

唐太宗教子尊师

　　唐太宗李世民是唐朝的著名贤君，他懂得国家要兴旺发达，长治久安，子女的教育非常重要，认为教育太子和那些王子是最重要的事情。所以，他给几个儿子选择的老师都是德高望重、学问渊博的人。而且，不断告诉子女一定要尊重老师。

快出门迎接你老师去！

是

　　有一次，太子的老师李纲生病了，脚不能行走。皇宫森严，除了皇帝和他的妃子、子女可以坐轿以外，其他官员不要说坐轿，就是进去都诚惶诚恐的。唐太宗知道后就特许李纲乘坐轿子进宫讲学，并诏令皇太子亲自迎接老师。每当太子决断事务时，唐太宗也要求李纲在太子身边。当李纲得了重病，唐太宗还遣人去问候，并赐予丝绸布匹。

　　后来，唐太宗又叫礼部尚书王珪当他第四个儿子魏王的老师。唐太宗觉得皇亲世子生长在宫廷之中，都有些骄傲的毛病，便让侍者传话给魏王说："以后你每次见到

王珪老师，要如同见到我一样，应当尊敬，不要有半点放松。"从此，魏王见到老师王珪，总是敬拜恭迎，而王珪

皇上吩咐，看到老师
就像看到他一样。

也以师道自守。王珪死后，唐太宗身穿素服参加他的丧礼，对着他的棺材久久哀思，并且让魏王带领文武百官也亲自去参加王珪的丧礼。

唐太宗不仅用自己的行为带领自己的皇子尊师，并且还将尊师重道上升到治国安邦的高度。（《旧唐书·李纲列传》、《王珪列传》）

71

杨时程门立雪

北宋的杨时，南剑将乐（今福建明溪）人。曾经跟随程颐学习，那时他已经四十岁了，学问也做得相当好，但他仍然谦虚谨慎，不骄不躁，对老师很尊敬，很得程颐的喜欢。

老师好！

年纪最大 →

一个冬日，杨时同一起学习的游酢（zuò）去请教老师，却不巧赶上老师正在屋里睡觉。杨时和游酢怕惊醒老师，两个人就在老师门口静静地站着，等老师醒来。一会儿，天飘起了鹅毛大雪，越下越急，杨时和游酢却还立在雪中。直到程颐一觉醒来，门外已经有了一尺多深的雪了。这就是"程门立雪"的典故。

老师在休息。那我在外面等他好了

在这之前，他因为特别喜好钻研学问，所以到处寻师访友，曾经跟着程颐的哥哥程颢学习。杨时以尊师之礼侍奉程颢，学有所成。杨时回家之时，程颢说："我的学问要传到南方了。"后来程颢去世，杨时不在身边，杨时听说自己的老师去世了，在家设置灵位，哭于寝室，并且将这个消息给同门。（《宋史·道学传二》）

朱轼严教清高宗

朱轼，字若瞻，今江西高安人，历仕康熙、雍正、乾隆三朝，为国之重臣。无论他在何处为官，都必强调教育的重要，都会在当地办书院崇尚儒学，且为官清廉。

雍正年间，雍正命朱轼为皇子弘历（即乾隆，清高宗）的老师，专门在懋（mào）勤殿（"懋学勤政"，是皇帝的书斋雅室）进行了拜师礼，规格是十分高的。在高安当地流传的故事中，相传朱轼教书尽心，对乾隆也很严厉，雍正觉得他做得有些过分了，于是对他说："皇子学了以后会作王，不学以后也是王。"朱轼却理直气壮地说："教了就会有尧舜一样的德行，不教就会像桀纣一样残暴。"雍正觉得说得有理，于是让乾隆好好学习。

乾隆即位，感念老师的教育，特别器重自己的老师，让他担任《世宗实录》的总负责人。但天不遂人愿，当年九月朱轼就病倒了，乾隆还亲自去看望朱轼，关心他的疾病。在病逝的前一天，朱轼还穿着朝服去上朝，乾隆命自己的儿子搀扶着朱轼，自己到门外亲自迎接和拜答。第二天朱轼就去世了，留下遗言希望乾隆能够慎重为政。朱轼的去世震动了朝廷及士林，乾隆亲自去朱轼的葬礼上行礼，并赐予治丧的经费，谥号文端。（《清史稿·朱轼传》）

段玉裁终生敬师

清代段玉裁，字若膺（yīng），对于周、秦、两汉时期的书都很精通，曾经花费几十年的时间专门研究《说文解字》，写出了《说文解字注》，是古代杰出的文字训诂学家、经学家。

乾隆年间，段玉裁中举人后，有一次到京城拜见大学问家戴震，因为很佩服戴震的渊博学问，就拜戴震为师。段玉裁对待戴震一直很谦恭尊敬，在戴震的面前总是按照学生的礼仪来做事。在巨著《说文解字注》中经常会称"某浅人"如何如何，但提及戴震，必以"先生"称之。

后来，段玉裁八十多岁了，听到有人提到戴震的名字时，他还是会低下头恭恭敬敬地站起来。每到初一、十五的时候，他还会非常庄重地朗诵戴震留下的语录，时刻警

醒自己不忘老师的教诲，一直专心研究学问。段玉裁去世以后，他的同学王念孙对段玉裁的学生陈奂感叹地说："你的老师死了，天下就再也没有这样的读书人了！"（《清史稿·段玉裁列传》）

以礼治国

蘧伯玉夜车止阙

蘧瑗（qú yuán），字伯玉，春秋时期卫国人。

有一天晚上，卫灵公和他夫人南子一同坐在宫里，忽然听到一辆车子移动发出的声音辚辚地响。到了宫门口的时候就不响了，但过了宫门又响起来。卫灵公问："知道这是谁吗？"南子说："这辆车子上坐着的人，一定是蘧伯玉。"

> 肯定是蘧伯玉刚从高门口走过

> 这么肯定？我叫人去看看

卫灵公很好奇："你怎么知道是他呢？"南子说："我听说，从礼节上讲，做臣子的人，坐车经过君上的公门口，一定要下车。看见了君上驾车的马，一定要行敬礼。这些都是表示对君主敬重的行为。凡是君子，即使在没有人看见的地方，也不会放弃他的品行。蘧伯玉是卫国的贤大夫，仁义而有智慧，平日服事君上十分谨慎，这个人一定不会由于天色暗淡就失礼的。"卫灵公派了个人去看，果然是蘧伯玉。

果然是他

卫灵公为了和南子开个玩笑，并没有告诉南子实情，而是谎称不是蘧伯玉。南子听了，便斟上酒，两次下拜，向卫灵公祝贺。卫灵公问："为什么向我祝贺呢？"南子回答说："起初我以为卫国只有一个蘧伯玉，现在看来卫国还有与蘧伯玉不相上下的人，这样的话君上就有两位贤臣了。国家多贤臣，真是天大的福分，因此我表示祝贺啊。"卫灵公很高兴，随后向夫人讲了实情。（《列女传·卫灵夫人》）

刚才不是他哦

恭喜大人，还有和蘧伯玉
一样的贤臣！

燕昭王筑宫求贤

战国时期燕昭王被打败之后，在极其困难的条件下继承了王位。

为了燕国的发展，燕昭王放低身段，卑躬屈节，赠送厚礼来招揽贤士。有一次他对郭隗（wěi）说："齐国趁我们燕国内部混乱的时机，袭击打败了我们，我心里很明白我们燕国力量弱小，还没有力量报仇。但是如果能得到贤才，帮助我一起治理国家，然后回击齐国的武力侵犯，就能洗刷先王的耻辱，这是我的愿望啊。"

郭隗毛遂自荐，说："您打算招揽贤士，那就先从我开始好了。比我好的还有很多，即使他们远在千里之外，

看到像我这样的人都能被大王礼待，还愁他们不来投奔您吗？"于是燕昭王就专门给郭隗修建了豪华的宫殿，像对

待老师一样对待他。消息传开之后，人们都知道燕昭王礼贤下士，吸引了很多人才，果然都来投奔燕国，如乐毅从魏国来了，邹衍从齐国来了，剧辛从赵国来了。

　　燕昭王并且亲自慰问有丧事的人家，体恤无父的孤儿，和老百姓同甘共苦，后来燕国真的强大起来了。（《史记·燕召公世家》）

萧何月下追韩信

　　韩信，西汉开国大将，年轻时家境贫寒，曾受胯下之辱。但少有大志，后来加入抗秦的大军，最后辗转到了汉王刘邦的麾下，开始一直没有得到重用。

　　在楚汉相争时，双方对峙很久，汉军一度不利，有很多将领脱离刘邦逃跑了，韩信考虑到萧何等人屡次向刘邦推荐过自己，但还是没有得到重用，于是也逃走了。萧何听说了，不等向刘邦报告就去追他，劝说韩信留下，这就是著名的"萧何月下追韩信"。

　　刘邦开始以为萧何也逃跑了，知道缘由后很不高兴："之前跑了那么多将领，你不去追，怎么只去追韩信？"萧何于是向刘邦说韩信有将才，可以帮助刘邦得天下。刘邦说："看在你的面子上，就让他做一名将领吧。"萧何说："恐怕他还是不会留下来。"

你追他做什么

主公，韩信是可用之人啊

刘邦于是就封韩信作大将军，正准备把韩信召进来宣布对他的任命，萧何说："大王一贯待人傲慢，不讲礼节，如今任命大将就像召唤小孩子一样，这就是韩信和其他将领要离开的原因啊。如果大王决计要任命他，就应该选择良辰吉日，沐浴斋戒，设置高坛和广场，举行正式的拜将仪式，这样才行啊。"刘邦准许了萧何的要求。

将领们听说刘邦要设坛拜大将，都很高兴，人人都以为是自己，等到拜将仪式举行时，才知道大将军竟然是韩信，全军上下都很惊讶。（《汉书·韩信传》）

张释之守职尽责

张释之，曾事汉文帝、汉景帝二朝，是西汉名臣，以贤能干练而闻名于世。

一次，他随汉文帝出行，正当皇帝的车驾人马走到中渭桥时，突然从桥下窜出一个人，把马吓得又叫又跳。汉文帝大怒，立即命侍从把那个人抓起来，交给廷尉（主管司法）张释之去治罪。汉文帝原以为张释之为自己出气，

一定会将惊马的人治重罪。没想到张释之不仅没有顺从皇帝的心意，反而只判了罚金就放人了，汉文帝火冒三丈地责问张释之："这个人胆大包天，竟敢惊吓了我的御马，你怎么只是判他罚金就了事呢？"

张释之说："法律是天子和天下人应该共同遵守的。现在法律就这样规定，却要再加重处罚，这样法律就不能取信于民。那时皇上您让人立刻杀了他也就罢了，现在既然把这个人交给了廷尉，廷尉是天下公正执法的带头人，稍一偏失，而天下执法者都会任意或轻或重，老百姓

岂不是手足无措？愿陛下明察。”汉文帝听了张释之的这番话后，觉得张释之所说的话有理，于是就按照张释之的方案进行责罚。

后来，有人偷了高祖庙神座前的玉环，被抓到了。文帝发怒，交给廷尉治罪。张释之按法律所规定的，偷盗宗庙服饰器具之罪奏报皇帝，判处死刑。皇帝勃然大怒说："这人胡作非为无法无天，竟偷盗先帝庙中的器物，我交给廷尉审理的目的，想要给他灭族的惩处，而你却一味按照法律条文把惩处意见报告我，这不是我恭敬奉承宗庙的本意啊。"

张释之脱帽叩头谢罪说："依照法律这样处罚已经足够了。况且在罪名相同时，也要区别犯罪程度的轻重不同。现在他偷盗祖庙的器物就要处以灭族之罪，万一有愚蠢的人挖长陵（汉高祖刘邦的陵墓）一捧土，陛下用什么刑罚惩处他呢？"当时，周亚夫与梁国国相王恬开听说张释之执法公正，就和他结为密友，而张释之也由此得到天下人的称赞。（《史记·张释之列传》、《汉书·张释之传》）

董宣强项守法理

董宣，字少平，东汉时人，曾经被特例征召当洛阳县令。

当时湖阳公主的家奴仗势行凶，大白天杀了人，因为藏在公主家中，官吏不敢进去抓捕。有一天湖阳公主外出，那个杀了人的家奴就坐在公主的车上。董宣知道后，召集人马在夏门亭等候。公主的车一到，立刻拦住，并且用刀划地，不准车马经过。接着董宣当面责备公主的过失，说她放纵奴仆犯法杀人，并且呵斥家奴下车，直接把那个家奴处死了。

湖阳公主哪里受过这样的气，于是立即回宫，向光武帝刘秀告状，说董宣如何欺负她。光武帝极为愤怒，召来董宣，要打死他为公主出气。董宣叩头说："我希望说句话再死。"光武帝说："想说什么？"董宣说："陛下您因德行圣明而中兴复国，却放纵家奴杀害百姓，将拿什么来治理天下呢？陛下不用打我了，让我自杀好了。"当即用

快跟公主磕头认个错吧

我没错！我不磕头！

脑袋去撞击宫殿的柱子，顿时血流满面。

　　光武帝连忙命令下属拉住董宣，可是为了顾全公主的面子，让他向公主磕头谢罪。董宣不服，坚决不从。光武帝就命下属强迫他磕头，硬把他的脑袋往下按，董宣两手撑地，就是不肯低头。公主看了，更加生气，说："过去皇帝做百姓的时候，隐藏逃亡犯、死刑犯，官吏都不敢到家里。现在做了皇帝，威严还不能施加给一个县令吗？"光武帝马上醒悟，笑着说："做皇帝和做百姓是不一样的，我不能再和以前那样干了。"当即命令放了硬脖子的县令董宣，并赏赐三十万钱奖励他执法严明。董宣回去后，却把奖赏全部分给了手下的官吏。从此董宣严格执法，京师洛阳的土豪劣绅都怕他，董宣因此还得了"卧虎"的称号。

　　董宣为官清廉，死在任上。光武帝派遣使者去吊唁，只看见董宣家里只有为数不多的大麦和一辆破车。光武帝很伤心，说："董宣的廉洁，到他死我才知道。"因董宣曾经做过二千石，便赏赐艾绶（即绿绶，系印组的绿色丝带，官员等级和身份的一种象征），按照大夫的礼节安葬。（《后汉书·酷吏传》）

许荆自责感手足

东汉时期的许荆，有贤才。许荆年轻时做郡吏，他哥哥的儿子许世曾经为了报仇而伤了人，仇恨许世的人带了武器来找他算账。许荆得知后，就出门迎着那些仇家，跪下来说："许世以前无礼，冒犯了你们，责任都因为我没能加以训导。兄长很早就已过世，就这么一个儿子延续血脉，请不要让我死去的兄长在阴间为断了香火而悲伤，我情愿以死相代。"仇家将许荆扶起来，说："您在郡中被称赞为有贤德，我们怎么敢对您无礼？"因而就此作罢。

……

你们的仇人是我的亲人，让我代替他吧！

东汉和帝时，许荆逐步升为桂阳太守。桂阳习俗鄙陋，不懂得学识道义，于是许荆为他们制订了婚丧制度，让百姓知道礼义法禁。

有一次许荆在巡视时，碰到一对蒋姓兄弟，因争夺财物而互相控告。许荆面对兄弟俩，很感慨地说："我担负国家的重任，但教化没有得到推行，责任在我这个太守啊。"于是转过头来要身边的下属向朝廷上书说明情况，请求到廷尉那里接受刑罚。蒋姓兄弟这才醒悟，感到十分惭愧和后悔，各自要求接受处罚。

他们没教化，是我的责任啊

许荆在太守任上十二年，百姓对他称颂有加，后来还在任上去世，桂阳人感念他的功德，为他建庙立碑以示纪念。（《后汉书·循吏列传》）

陈蕃下榻礼徐孺

东汉陈蕃，为官耿直，喜结交名士。徐稚，字孺子，世称"南州高士"。

徐稚从小就很聪明，通过自己的努力学习成为当时颇有名望的大学者之一，但他淡泊名利，一直都隐居在深山中，不愿出仕。而陈蕃当时在朝廷做官，在他担任豫章太守时，决心干一番大事业。上任的时候，一到当地就急忙去找徐孺子，想向他请教天下大事，而随行的随从提醒陈蕃说，应该先去衙门，结果陈蕃将随从大骂一通。

我们应当先去访贤才对！

是，是...大人

后来，陈蕃派人将徐孺子从隐居的地方请来，那时徐孺子已经五十岁了，为了表达对徐稚的尊敬，陈蕃专门制作了一张可活动的床。每当徐稚来的时候，就将床放下，

怎么样？这个小床

舒服啊！

专门给徐稚坐；当他走后，陈蕃又将它挂起来。王勃在
《滕王阁序》中说"人杰地灵，徐孺下陈蕃之榻"，把徐
孺子作为江西"人杰地灵"的代表。同时也凸显了陈蕃礼
贤下士的风范。（《后汉书·徐稚列传》）

梁上君子谢陈寔

　　东汉的陈寔(shì)，为人公正，成为群众的表率。有时人们互相争执，就请陈寔判断是非曲直，经过陈寔的调停，回去之后没有一个有怨言的。以至于他们都感叹说："宁愿受到刑罚的惩处，也不愿受到陈先生的指责。"

　　当时正赶上荒年，收成不好，老百姓生活困难，陈寔在朝廷做官，家中尚还过得去。一天一个小偷在夜里溜进了他的家里，躲在房梁之上。其实陈寔看见了他，于是

从床上起来，整理好衣服被褥，然后把自己的儿孙都叫进来，很严肃地教育他们说："一个人不能不努力上进啊。不好的人本质未必是坏的，而是因为坏事做得多，就成了习惯，所以后来就变坏了。梁上君子就是这样的人。"

不会是说我吧，被发现了？！

你们要小心沾染恶习！

那个不是贼么？

小偷听了大悟，连忙从房梁上跳下来，向陈寔磕头认罪。陈寔慢慢开导他说："看你的样子也不像坏人，你应该好好约束自己，不要误入歧途，贫困只是暂时的。"于是差人给了小偷两匹绢布，先维持他的生活，而从此之后，这里再也没有发生一起盗窃案件。（《后汉书·陈寔列传》）

礼失则昏

鲁昭公居丧无礼

公元前542年六月辛巳（28日），在鲁国做了三十一年国君的鲁襄公死去。其妾胡女敬归的儿子子野继位，可是当年九月癸巳（11日），因为哀伤过度（"过哀毁瘠（jí），以致灭性"），子野很快就去世了。于是鲁国又改立了敬归的妹妹（娣）齐归的儿子裯（chóu）为国君。

大臣穆叔很不愿意，他说："太子死了，有同母之弟就立同母之弟；如果没有，那就在诸庶子中选立年长的；如果年龄相同，那就选择贤能的；如果都很贤能，那就通过占卜来选立。死去的子野本身就不是嫡嗣，何必非立她母亲妹妹的儿子呢？而且裯这个人，居丧时毫不悲伤，父亲死了反而有喜色，这叫作不孝。不孝之人，很少有不出乱子的。如果真立了他，今后一定会成为我们季氏的忧患。"

但季武子不听，最终还是立了裯，这就是鲁昭公。到安葬襄公这一年，鲁昭公换了三次丧服，可是三次换上的丧服衣襟都像旧丧服一样。当年昭公已经十九岁了，脾气还像个小孩子。上古礼制，居丧期间要按照亲疏关系和身份等级，穿着丧服，不言不乐，不近女色，食粗饮恶，定期哀哭，定期祭奠。他的这些举动完全是违礼的，所以当时君子因此知道这人不能善终。

后来，鲁昭公发动军队，攻打专权的大夫季孙氏一族，反而受到季、叔、孟三家大夫的合击，大败而逃到齐国。后又辗转到了晋国，51岁的时候客死于晋国的乾侯。（《左传·襄公三十一年》）

文伯羞鳖不敬宾

公父文伯，是鲁国季康子的叔叔。有一次召开宴会，请南宫敬叔喝酒，席上以露睹父为上客。上菜时，每人一只鳖，但露睹父的这只看起来比其他人的小些，睹父十分不高兴。文伯请客人尝尝鳖的味道，睹父说："等甲鱼长大了再来吃吧。"说完，起身就走了。

等鳖长大些我再来吧

文伯的母亲听说了这件事，特别生气，说："我听公公在世的时候，曾经说过：'祭祀祖先，要恭敬尸主（祭祀时祖先的象征）；举行酒宴，要尊敬上宾。'你上菜的时候用的什么礼节？居然惹得上宾睹父生气！"于是将文伯从家里赶了出去。过了五天，鲁国大夫们前来说情，才同意他回家。（《国语·鲁语下》）

郦生长揖轻刘邦

西汉郦食其（lì yì jí），是陈留高阳（今河南杞县）人，他非常喜欢读书，但家境贫寒，穷困潦倒，连能供得起自己穿衣吃饭的产业都没有，只得当了一名看管里门的下贱小吏。但是尽管如此，县中的贤士和豪强却不敢随便役使他，县里的人们都称他为"狂生"。

后来，他听说沛公带兵攻城略地来到陈留郊外，沛公一个部下恰恰是郦食其邻里故人的儿子，沛公时常向他打听他家乡的贤士俊杰。一天他回家，郦食其看到他，对他说道："我真正想要追随沛公，只是苦于没人替我介绍。你见到沛公，可以这样对他说，'我的家乡有位郦先生，年纪已有六十多岁，身高八尺，人们都称他是狂生，但是他自己说并非狂生。'"那人回答说："沛公并不喜欢儒生，许多人头戴儒生的帽子来见他，他就立刻把他们的帽子摘下来，在里边撒尿。在和人谈话的时候，动不动就破口大骂。所以您最好不要以儒生的身份去向他游说。"郦食其说："你只管像我教你的这样说。"骑士回去之后，就按郦生嘱咐的话从容地告诉了沛公。

礼失则昏

后来沛公来到高阳，在旅舍住下，派人去召郦食其前来拜见。郦生来到旅舍，先通告自己的姓名，沛公正坐在床边伸着两腿让两个侍女洗脚，就叫郦生来见。郦生进去，只是作个长揖而没有倾身下拜，并且说："您是想帮助秦国攻打诸侯呢，还是想率领诸侯灭掉秦国？"沛公骂道："大胆！天下的人同受秦朝的苦已经很久了，所以诸侯们才陆续起兵反抗暴秦，你怎么说帮助秦国攻打诸侯呢？"郦生说："如果您下决心聚合民众，召集义兵来推翻暴虐无道的秦王朝，那就不应该用这种倨慢不礼的态度来接见长者。"于是沛公立刻停止了洗脚，整齐衣裳，把

102

郦生请到了上宾的座位，并且向他道歉。于是郦生谈了六国合纵连横所用的谋略，沛公喜出望外，命人端上饭来，让郦生进餐，定下夺取陈留的计策。（《史记·郦生陆贾列传》）

东方朔礼谏远宠臣

　　西汉的东方朔，能言善辩，聪明机智。

　　有一次，武帝在未央宫前殿正堂摆酒席宴请姑妈馆陶公主，派人去迎接董偃。董偃是馆陶公主的情夫，他跑马、斗鸡、踢球、逐狗样样精通，经常陪汉武帝游乐，汉武帝对他十分喜爱，各封王甚至连驸马都争相追附董偃。

好球！

　　东方朔立即阻止武帝，说："董偃犯了三条该杀的大罪，怎么能让他进皇宫呢？"汉武帝问是哪三条罪，东方朔说："董偃以臣属的地位，却私通公主，不分等级，这是第一条罪；乱搞男女关系，破坏婚姻的神圣，有损国家的法律尊严，这是第二条罪；陛下年纪轻轻，正在专心学习经典，而董偃不知道敬重经典，反而纵情犬马，热衷于歪门邪道，是国家的奸贼，这是第三条罪。陛下如果不对董偃加以制裁，总有一天会拿他没办法的。"

但是汉武帝认为酒席已经摆好，要改也得下次再改。东方朔据理力争，说："宫室是先帝处理国家大事的地方，跟国事无关的人，不能进去。要知道，使淫乱继续发展，一定会变为篡夺。"接着东方朔又举出竖貂、易牙、庆父等人谄媚作乱的历史教训，这才迫使汉武帝下令把酒席改设在北宫，让董偃从未央宫东门内的一个杂工出入的侧门进来，赏赐给东方朔黄金三十斤。从此，对董偃的宠爱逐渐衰退。

东方朔还阻止汉武帝扩建上林苑、赞扬汉武帝杀婿执法等，都令人看到了他的正直。既不放弃操守，又以巧妙的方式劝谏君王，这恐怕就是他被后人喜爱且推崇的原因所在。（《汉书·东方朔列传》）

陈纪以礼责父友

东汉陈纪，父亲陈寔（shì），弟弟陈谌（chén），父子三人都很有声望。

有一次，父亲陈寔与朋友相约一起出游，约定在正午碰头。但等到中午也没有等到，猜想友人是不是有别的事而不能同行，于是就先走了。就在陈寔走了之后，他的朋友驾着车子到了，左看右看，却不见陈寔的影子。

105

这时陈纪正在家门外玩耍，友人看见了，便大声问："你父亲在家么？"当时的陈纪才七岁，是一个非常聪明又懂事的孩子，他回答说："父亲等您等了好久，但您还是没来，我父亲就走了。"他父亲的友人感到非常气愤，说："走了？你父亲真不够君子，做事这么没有道理！跟我约好了一块儿出门的，却又丢下别人先走了！"

等父亲的友人数落完后，小陈纪就说："您与我父亲约定在午时，午时还不来，就是不讲信用；对着孩子骂他的父亲，就是失礼。"友人被他这么一说，顿时说不出话来，感到十分羞愧，就想下车道歉。可他抬头一看，小陈纪已经头也不回地进屋去了。这位友人因为无礼而遭到了羞辱。（《世说新语·方正》）

你先迟到，还骂人父亲真是无礼！

■ 后 记
知礼篇

中华民族五千年的文明史，源远流长，其传统文化，亦浩瀚博大。今天我们所称的"国学"，应是其中的经典或精华。关于"国学"的定义，存在不少争议。广义的国学，简而言之，实则就是中国传统文化。曾几何时，中国人对于自己的传统文化一度陷入自卑乃至自污的误区。进入新世纪以来，这种误识正在得到根本性的纠正。以文化自觉和文化自信的心态，来建设国家软实力，这已成为举国共识。而中国文化的优秀传统，正是国家软实力的重要组成部分。她不仅是历史上中华民族生生不息、发展壮大的丰厚滋养，也是当代中国凝聚民心、文化创新的坚实基础。

近年来，各地涌现出不少国学讲堂、传统书院、经典诵读班，以传统文化为主要内容的政商培训、社区教育、少儿蒙学越来越活跃，这些所谓"民间儒学"的开展，正反映了当下中国对于传统文化的呼唤和渴求。然而，如何让传统文化的高头讲章"浸润"到基层民众和少年儿童，却是一项复杂的工程。我个人赞成这样的观点，现代科技（如网络）和通俗表达（如动漫）是首选之途。

　　2012年夏天，在一次考察历史文化街区的途中，市政协吴勇副主席交给我一项任务，让我找一些能够反映我国古代思想道德和礼仪文明的小故事，编辑几册简单的国学普及读本。后来，在政协文史专委会的工作会议上，还专门对此做过一次讨论。根据他的意见，我们决定先编"道德"、"修身"、"知礼"三种。

　　这项工作看似简单，其实并非易事。传统经史文献浩如烟海，历代先贤大德的佳言懿行俯拾即是，但要找出那些典型性强、有据可查的故事，还需花一番力气。而且，将这些故事用通俗易懂的语言加以叙述，并转换成现场感和画面感很强的场景，更需费一番脑筋。我本人和冯闻文、马志亮、覃力维三位博士生此前都没有类似经验，这次勉力而为，也从中得到了不少锻炼。至于效果如何，还须读者检验。

　　这套丛书，是在武汉市政协的领导和组织下完成的。依据政协领导和大家的意见，我们多次就编写方案提出修改意见。蒋君伟副秘书长、文史学习委员会彭小华主任、殷小琴副主任对本套丛书给予了许多具体指导。武汉问津国学文化促进中心、武汉电视台"问津国学"栏目、漫画家任山葳和彭翼然、武汉出版社副总编辑邹德清等对此书的出版，都付出了辛劳。对以上各方面的大力推助，在此一并致谢！由于我们水平有限，书中难免会存在各种错讹，恳请读者予以批评指正。

杨　华

2014年7月10日草于珞珈山